AF367005

ISIS KIARA

ExLibric

CARME M. S.

ISIS KIARA

EXLIBRIC

ANTEQUERA 2021

CARME M. S.

ISIS KIARA

Agradecimientos

Este libro es un recordatorio de lo que ya fue. Agradezco a todos y cada uno por el compromiso en la lectura de esta obra y su contenido, por hacerlo consciente en esta realidad con todos los misterios que conlleva el verdadero encuentro con uno mismo y su integración. Doy gracias al gran espíritu por la creación de este libro, por su potencialidad y discernimiento, por acompañarme en todo lo que habita en él. Reconozco todo su poder y luz. Agradezco a mi hijo, Jan, por ser mi guía y gran maestro; a mi hermano Alfonso por la ayuda en la elaboración de las imágenes que contiene este libro y por ser luz en el camino de esta existencia; a mi padre, que desde la otra dimensión me guía; a mi madre por reconocer mi parte femenina; a Pepa por creer en los milagros; a Amawta Fernando Hergueta, maestro y sabio de los Andes, por mostrarme el camino de regreso a casa. Gracias de corazón a todos y cada uno por hacerlo real.

Prólogo

Mi presente sana el pasado y el futuro es incierto. Mi objetivo primordial es haceros partícipes del despertar de la conciencia colectiva e individual, el darnos cuenta de que no somos esclavos de nadie ni de nada. Todo lo que llevamos dentro es un potencial puro y no lo que nos han hecho creer que somos. La información hay que vaciarla de aquellas creencias inculcadas por otros y no por nuestro verdadero yo, y volver a crearla. Haremos un viaje en el tiempo pasado para en este presente darnos cuenta de que podemos cambiar cualquier situación. Todo lo que está dentro de este libro son herramientas, métodos de sanación, son poderosas formas para sanar, para liberar lo que ya no nos sirve, para seguir aumentando de vibración. Serán dibujos, escritos, códigos… Algunos no tienen forma; se trata de sentir y fluir con ellos para que se puedan trabajar en uno mismo y en los demás.

Cuando el planeta Tierra aumenta de vibración, nosotros, los seres humanos, también. Gaia es el lugar que habitamos y junto a él ascendemos de igual manera. No podemos separarnos de algo que es y existe. La energía es energía en diferentes planos y es la que impulsa al ser humano. No existe nada fuera ni dentro, todo es real. Todo nace, crece y se expande. Como una flor es el sentir. Siempre está preparada para esperarnos desde la esencia más pura y de luz. Todos somos luz infinita dentro de nosotros. Se trata de encontrar en el silencio, esa conexión especial manifestadora de una nueva realidad y de múltiples realidades en esta tierra dual y multidimensional en unidad, en conjunto con el todo.

Isis Kiara

El amor es la única vibración que puede lograr la tan ansiada paz para la humanidad. El camino al cambio de cada individuo es ayudarlo a tomar conciencia de esta verdad, nunca es el de la lucha. Hemos de dar presencia a lo que sentimos. Tampoco el camino es el de bloquear la mente, no es el de rechazo ni callar la voz. Es el «estoy aquí contigo».

El cuerpo causal, o cuerpo espiritual, se manifiesta cuando alcanzamos niveles superiores de conciencia. Hay muchas técnicas para despertar la conciencia; esto siempre se alcanza trabajando con uno mismo, y cuando integramos estas partes podemos después trabajar con los demás. Hay algunas que se emplean para trabajar el cuerpo físico, mental y espiritual que nos ayudan a liberarnos de lo que realmente nos separa del equilibrio, a buscar nuestra esencia, alineándonos con nuestra infinita luz y superando las ilusiones del ego, que nos alejan de nuestra más preciada y verdadera naturaleza. Somos seres infinitos para ser uno con la existencia.

Para sanar el cuerpo físico, mental, espiritual y emocional existen, como digo, muchísimas técnicas, todas con una finalidad: métodos, códigos, activaciones… Tenemos siempre ayuda, no estamos solos. Existen seres que nos ayudan: ángeles, arcángeles, guías, ancestros, etc.

El cuerpo espiritual, también conocido como cuerpo causal, nos acompaña en cada vida, haciéndola consciente. A medida que evoluciona nuestra consciencia, fluye toda la energía y el amor a la existencia de todos los cuerpos sutiles es el más alto en vibración. Ya no es el vehículo del espíritu, es una manifestación más pura. Cuando se alcanza un estado elevado, su aura espiritual es un círculo perfecto; puede expandirse a kilómetros, llenándonos de amor, luz y armonía, cualidades de la fuente de la creación, que empieza en el origen y se crea y manifiesta en ese centro tan poderoso.

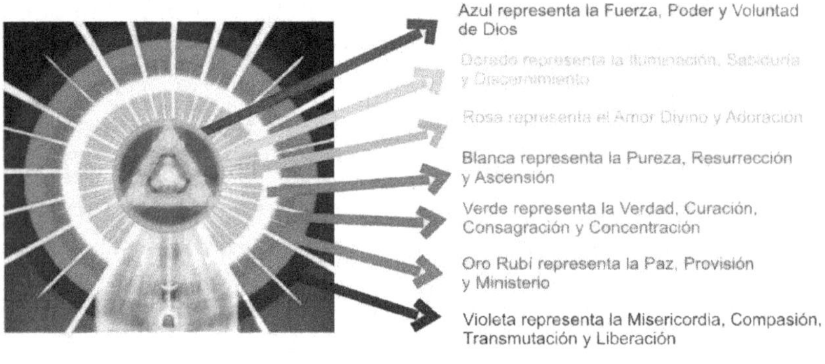

Figura 1

Somos un eco del pasado. Todo parte de un origen (donde empezó, donde se originó) y de ahí podremos empezar a trabajar con nosotros mismos y con los demás. Todo es mucho más simple: en el silencio, en la nada, en esa introspección, en ese camino se encuentra el resultado final de todo. Cuando somos seres multidimensionales y podemos viajar en el espacio-tiempo, podemos discernir y ampliar multitud de voluntades a la vez. Solo necesitamos la confianza plena de que el resultado será así. Emplearemos la fe y toda nuestra voluntad para que los resultados sean los esperados y sean fructíferos, llegando a una sanación completa en nuestros siete cuerpos.

La llama violeta actúa haciendo de canal hacia los otros puntos de nuestro cuerpo energético del aura, ya que se utiliza para transmutar energías indeseables. Es la energía espiritual al servicio de todos los seres humanos. Es una luz de alta frecuencia que está presente en el mundo físico y en el mundo espiritual. Se trata de una herramienta muy potente para transmutar cualquier energía, llevándola de su estado de vibración actual a un estado de vibración superior; por eso se invoca cuando es necesario producir un cambio o una transformación profunda. Nos ayudará a enfrentar los desafíos de la vida y a sanar cuerpo, mente y alma. En cualquier momento y en cualquier lugar disuelve las vibraciones negativas. Nos visualizaremos envueltos con la llama violeta y diremos el decreto que a continuación publicaré. Estaremos unos minutos visualizándola y empezaremos a sentir cómo nuestro campo energético va cambiando en luz lo que todos somos.

Saint Germain, un místico, sanador y alquimista, fue quien transmitió las enseñanzas de la llama violeta. Los sacerdotes egipcios sabían cómo utilizar esta energía en aplicaciones diferentes, una de ellas la apertura de la conciencia. En ambos casos tiene una carga cuántica, que la física moderna clasifica como energía taquiónica. Es la que se mueve veintisiete veces más rápido que la luz. ¡Es la energía del pensamiento cuando vibra en alta frecuencia de amor!

La energía que utilizó Jesús, la psique humana, puede dirigir la energía taquiónica, la del pensamiento, efectuando curaciones excepcionales. El amor es neutro, no es dual, no tiene polaridad, vibra en muy alta frecuencia, su energía no tiene masa, permanece en el plano espiritual y mental. Tiene un efecto positivo en nuestra salud y bienestar.

Decreto

- «Yo cancelo cualquier energía discordante que intente desequilibrar mis siete cuerpos, anulo y bloqueo toda energía de baja vibración».
- «Yo soy luz y vibro en armonía, de acuerdo con la voluntad divina y bajo la gracia, de manera perfecta. Gracias, Padre, que ya me oíste. Gracias (× 3)».

Figura 2

La mayoría de terapeutas y sanadores ofrecen todo su amor y conocimiento y aportan grandes beneficios a los demás, es un deseo de su alma. Cuando el deseo existe nada frena el proceso. Cuando transformas a otros también te transformas a ti mismo. Somos espejos, somos el reflejo en un mismo espacio y tiempo, no hay líneas de separación ni lugar: simplemente es.

Todo necesita su proceso, su ritmo. No podemos influir en el proceso de nadie, solo acompañar y ayudar a que ese proceso sea liviano y enriquecedor mientras vamos experimentando y ampliando sabiduría. Todos tenemos esa parte que trabajar, no existe nada más, todos aprendemos de todos. Recuerda que somos un espejo: cuando tú sanas yo sano, y así se multiplica en todo el universo y subimos escalones agigantados. Debemos respetar a cada ser siempre desde el más puro amor de Dios.

Cuando alguien deja este plano llamado Tierra y deja de existir, lo que realmente deja es el cuerpo, pero no el espíritu. En la Tierra era Pepa, tía de mi excuñado. Fue ella la que, después de partir junto a Dios, al cabo de un tiempo me dio el elixir, la fórmula secreta para que yo continuara con su herencia más preciada. Se me dio de una forma muy peculiar, las palabras fueron reales: «Tú puedes». Cuando tuve que asistir a mi padre, de repente se realizó el milagro. Lo que ella me enseñó en vida se me había olvidado, pero me llegó la manera, fui guiada desde la otra dimensión sobre cómo tenía que hacerlo. Me cambió la cara de golpe y le dije a mi padre: «Me está diciendo Pepa cómo tengo que hacerlo». Él se sorprendió igual que yo, pero así fue: el herpes que le salió en la cabeza a mi padre en dos días ya estaba curado.

Las sanaciones fueron en auge, empezaron los milagros y hoy en día aún lo mantengo en secreto para muchos. Después de la lectura de este libro, ya no. Las hago en tres veces cuando acuden a mí. Algunos vienen de urgencia; el último al que curé tenía un herpes en la espalda y para soportar el dolor tenía que cogerse en una mesa, apretando muy fuerte toda su mandíbula y todo su cuerpo para sentir alivio. Hoy en día esta sanado. Las cosas son así, vienen cuando tienen que venir, hay que dejar que la vida nos sorprenda. Los milagros existen, solo hay que escuchar esa parte que todos tenemos, el espíritu que todo lo manifiesta y todo lo es. Me siento privilegiada de este don que Dios me dio. Las demás terapias son un más a más. Le doy las gracias al espíritu de Pepa por guiar mis pasos y ser luz y por tantos seres especiales que existen.

Cuando somos más conscientes nos liberamos de antiguos patrones, lo cual nos permite ver lo que antes no veíamos. Ahora vamos adquiriendo habilidades psíquicas que estaban latentes en nuestro inconsciente y vemos un nuevo rumbo con ojos del corazón y el espejo del alma, nuevas formas con un amplio abanico delante de nosotros que se abre y se expande como si volviéramos a nacer, a ser otros humanos más amorosos, abiertos a recibir y dejar atrás viejas lecciones. No vinimos a sobrevivir, sino a vivir.

El triángulo central es el canal por el cual sale la orden del creador hacia los mundos superiores e inferiores, es la manifestación del ser en concordancia con el paciente, el terapeuta y las leyes de energías superiores a mundos sutiles.

Este dibujo me llegó una mañana, un día después de hacer una meditación. Ese día se me despertó este código (figura 3), se me fue revelando cómo debía aplicarlo e ir enseñándolo, junto con los demás, para ir compartiendo con la humanidad. Fueron dibujos que a su vez fui entendiendo: eran formas de sanación.

Al despertar, recién levantada, me llegó la forma para conectar y abrir los campos energéticos de la tierra y del cielo, los cuales sirven de puente, se emplean en personas y se manifiestan en la realidad presente, directos desde la fuente, de dentro hacia fuera, en forma de 6. Nos conectan con el Padre Sol (apertura) y la Madre Luna (9, cierre), dos polos opuestos que en sí se complementan. Entenderemos este conocimiento con el método analógico, el cual permite aprender las leyes. Aquí tenemos que el padre es el polo positivo y que la madre es el negativo. Al dibujarlo en el cuerpo abres un proceso y lo cierras para energizar agua, para limpiar cristales de luz en espacios y para cerrar y abrir círculos de poder. Es un símbolo muy poderoso que se puede activar y desactivar y emplear en muchos rituales.

Según los mayas, el día que nacemos nos invade una energía lunar y otra solar (yin y yang). Esta combinación se vuelve a dar cuando cumplimos los 52 años de vida: se nos brinda la posibilidad de realizar un fuerte cambio, un renacimiento, al cual llaman «sello» o «kin». En aimara, a la dualidad le llaman *chacha/warmi*.

- «Abro al Padre Sol (si es de día; en el caso de que fuera de noche, la apertura la haríamos igual a la Madre Luna o *Mama Quilla* —quechua—). Inicio esta apertura desde el corazón».

Decimos:

- «Abro al Padre Sol (o *Tata Inti* o, si es de noche, a la Madre Luna, o *Mama Quilla,* y el símbolo tres veces). Gracias (× 3)».

- «Cierro a la *(Pachamama)* Madre Tierra (× 3). Cierro al viento que llevo en tu vientre. Gracias (× 3)».

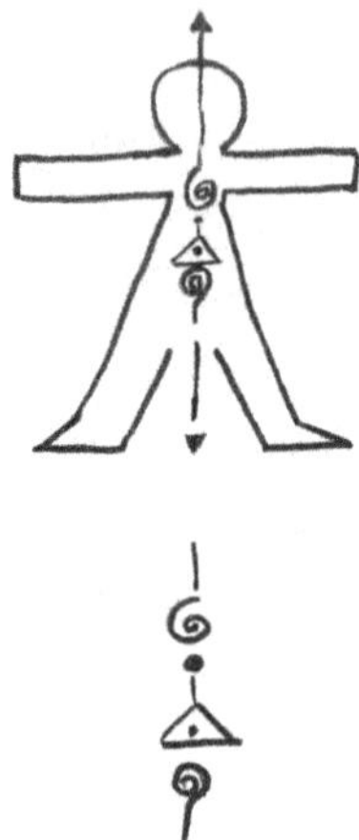

Figura 3

El dibujo de la figura 4 fue canalizado para utilizarlo como ritual. Es la misma trinidad, manifestada y multiplicada, tal como dijo Nikola Tesla. Me di cuenta un tiempo después de que, sin saber este enigma de los números 3, 6 y 9, lo estaba compartiendo tal como me llegó en una de mis visiones. ¡Había descubierto un enigmático código de la creación! Tesla fue un inventor, ingeniero, mecánico y físico ¡con predicciones futuristas!, las cuales pueden ser transformadas por el ser humano para crear y manifestar en la naturaleza. Había descubierto un enigmático código de la creación manifestando mis 3 deseos, 3 flores y las 3 semillas con el código de activación a la Tierra y las 3 semillas que ofrendamos a la *Pachamama* para que crezcan bien fuertes. Un tiempo después vi que todo el universo obedece a este principio. Es el lenguaje universal, no importa en qué parte del universo estés: 1 más 2 siempre será igual a 3. ¡Todo en el universo se rige por esta ley!

Figura 4

Sabiendo esta ley de los números 3, 6 y 9, el 3 representa el espíritu, el cuerpo y la mente. Está arraigado a la existencia, al humano, lo que por desconocimiento de planos no sabíamos, y es parte de la unidad y la perfección creadora del cosmos universal. El 3 está entre nosotros: ver las siete maravillas del mundo, con la arquitectura de las tres pirámides de Egipto; el misterio del triángulo de las Bermudas; si vamos a lo religioso, la Santísima Trinidad y los tres Reyes Magos o, en el budismo, los tres saberes del oeste, que son conciencia, armonía y equilibrio; o la anatomía del cuerpo (cerebro, corazón y pulmón) y los códigos genéticos del ADN.

Aplicando uno de estos principios universales, la mente tiene muchas partes fragmentadas de nosotros, de nuestros ancestros, como colectivo, vidas pasadas, ya que todos somos uno y no hay nada separado como humanos (cuerpo). Si de estas partes, que son mente, utilizamos estos tres principios, quitamos nuestra identidad como mente y humano, nos integramos como el ser (espíritu) que somos y lo llevamos al centro en total presencia, estamos aceptando el ser que habita en nosotros sin lucha, sin negarnos, sin identificarnos con ningún pensamiento humano, aceptando y soltando para ser el ser (espíritu) que YO SOY. Lo mismo en conciencia, armonía y equilibrio: a mayor conciencia, más armonía y, por lo tanto, más equilibrio al ser que YO SOY.

Aplicando este método 3, 6, 9 en nuestra vida, cambiaremos el enfoque. Lo podemos utilizar en muchos más aspectos de nosotros o del mundo que nos rodea.

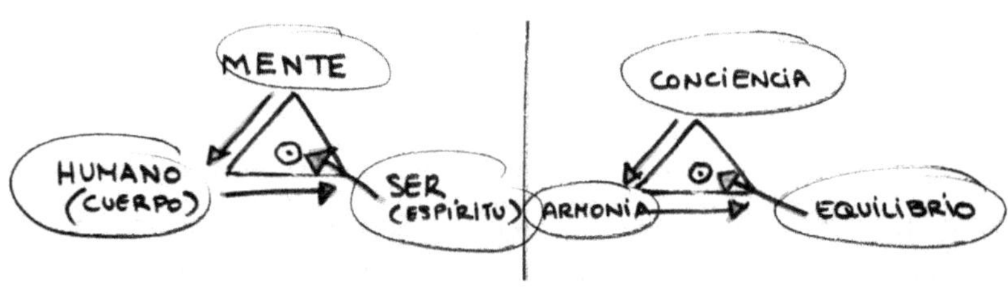

Figuras 5 y 6

Continuamente el universo nos está hablando. Tendremos que prestar atención a esas sincronicidades que a través de sus formas y mensajes nos llegan. Una de las formas en las que me empezó a hablar fue en mi propio silencio, en momentos de gran cambio interior, mostrándome a través de continuas sincronicidades que no estamos solos, que somos uno con todo lo que existe y todo lo que es.

El universo es una fuente de retroalimentación; desde el inicio de la creación hasta el momento presente son procesos cíclicos, continuos. Todo cambia, todo se transforma, todo tiene su origen en la creación y somos parte indiscutible de que lo mismo que es arriba es abajo y lo que es abajo es arriba. Quien no entiende un solo principio hermético no ha entendido nada. Si pudiéramos multiplicar y sumar lo mismo que restar y dividir seríamos dioses en acción, cambiando nuestra realidad y múltiples realidades en consecuencia a nuestras palabras y nuestros actos. Una forma de ser coherente con uno mismo y con los demás es mostrar empatía y agradecimiento, dejando el libre albedrío que cada conciencia experimenta.

Aquí, en la figura 7, estamos haciendo un *reseteo* energético multidimensional, sanando a niveles de ADN los siete cuerpos que habitamos. El mental y el espiritual son el centro del hombre, es donde Dios habita. La sanación del ser espiritual hacia la perfección progresa a través de las tres etapas ordenadas de esta trinidad (3). Como muestro en el dibujo, se trazaría en el paciente. Podemos utilizar un puntero de cuarzo maestro, dibujando primero los círculos como se ve en la figura, solamente una vez delante. A continuación realizamos los tres triángulos en el cuerpo y vamos ya detrás, a la espalda, y luego al lado izquierdo y al derecho de la misma forma.

El mental, emocional, físico (ombligo) es la emanación de lo invisible, que nos conecta con el creador, la unión con Dios. Salen las 12 hebras en espiral o capas del ADN, donde se activa la energía a través de unos filamentos invisibles. 12 capas en profundidad (1 + 2 = 3). Cada capa tiene dos atributos principales que se equilibran. Por lo tanto, hay 24 atributos en total (2 + 4 = 6). Y no solo eso, sino que también se abren las puertas dimensionales y los códigos del tiempo que contiene el cuerpo humano. Todas las capas están juntas en un círculo. Por lo tanto, todas ellas pueden ser vistas en 4D. Su ADN interdimensional no es estático, cambia todos los días de su vida. Algún día se podrán ver las sombras de las capas interdimensionales.

Activar las 12 hebras en espiral o capas de ADN es activar los 12 centros de energía. Existen interdimensionalmente y están en cuatro grupos de tres capas cada una. Cada grupo de tres tiene un nombre, un propósito, una energía diferente. Cuando nos referimos al ADN, estamos hablando de los 12 centros energéticos.

- La primera capa corresponde al genoma humano, es la programación biológica del ser humano.
- La segunda capa está codificada: la dualidad. Esta es la del miedo. A esta fue dirigido el rayo luciferino, creando un campo electromagnético holográfico en la mente, codificando una amnesia, olvidando nuestra esencia divina.
- La tercera capa modifica la primera y la segunda. Juntas cambian al ser humano. Las tres primeras son las más importantes y potentes cuando se trata de la propia vida: ascensión, vibración, maestría y su cocreación.

Código sagrado

Activando este código las tres capas funcionan en conjunto. Se refiere al ADN arraigado al mundo físico, material o tridimensional. Cada uno contiene el genoma humano, que es la programación biológica del ser humano.

- «Activar en el cuerpo de luz ($\times$ 3)».

En voz alta pronunciaremos:

- «Mente: NETZACH MERCABA ELIAHU».
- «Corazón: NETZACH MERCABA ELIAHU».
- «Plexo solar: NETZACH MERCABA ELIAHU».

Realmente, es la matemática del universo, la geometría sagrada. Estas tres capas conectan al ser humano a la tierra (cuerpo físico con la tierra).

Códigos sagrados ADN

Mente: «Ank-adosh (× 3)». Eleva el espíritu.
Corazón: «Ka-dosh (× 3)». Alinea chacras.
Plexo solar: Fórmula triple. Abre el sello trinizado que sostiene la energía divina.

- «Kodoish, kodoish, kodoish. Adonai tsebayoth».

Figura 7

Lo visualicé como si tuviera una pantalla de cine delante: parte cabeza (mental), corazón (emocional) y plexo solar (espiritual).

Tradicionalmente, siete de estos centros se ubican en el cuerpo y cinco fuera de él, y están alineados con el cuerpo giratorio de los 12 cuerpos celestiales que conocen en su sistema solar, los cuales giran con información, incluidos los siete chacras que conocemos, y pueden empezar a enviarse información unos a otros.

Esta técnica logra nuestro balance original, produciendo un equilibrado en nuestros siete cuerpos. Para la sanación completa, no pone intención ni expectativas; simplemente, dirige las energías y frecuencias para el bienestar del paciente en tres sesiones, en las que se es libre de utilizar otras terapias como complemento u otras técnicas que comparto en el libro. En mi caso, lo utilizo con otra técnica. Se puede utilizar sola o en conjunto, como se desee. El nombre de esta técnica es el «círculo creador».

En la música, por ejemplo, puedes sentir la frecuencia en los sonidos:

$$174 \text{ Hz} = 1 + 2 = 3$$
$$285 \text{ Hz} = 1 + 5 = 6$$
$$369 \text{ Hz} = 1 + 8 = 9$$

Podemos acceder a estas frecuencias sanadoras sin recurrir a ningún objeto, directamente con la energía de la *Pachamama*. Toda la geometría humana (cuerpo, conciencia, espíritu y camino existencial) está presente en nuestra Madre Tierra en todas sus formas.

En este ejercicio nos basaremos en repeticiones diarias. Pondremos a funcionar la ley de la atracción siguiendo estos pasos:

- Al despertar, inicia la repetición 3 veces en la mañana, luego 6 por la tarde y 9 antes de ir a dormir. Tú eres el creador de tu realidad. Decreta positivo lo que deseas para tu vida (pareja, casa, dinero, salud o lo que te resuene a ti mismo). Usa el agradecimiento con el poder de tus pensamientos en voz alta, con los sentimientos centrados en lo que deseas manifestar, con la absoluta convicción y fe de que ya lo tienes.
- Si sumamos 3 + 6 + 9 = 18. Repetimos el deseo, la manifestación, durante 18 días (3 veces, 6 y 9).
- Si sumamos el número 45 también lo podríamos utilizar (4 + 5 = 9). Esta vez 45 veces el deseo de igual modo (3 veces por la mañana, 6 veces por la tarde y 9 veces por la noche). Voy a dar algunos ejemplos:

  - **«Agradezco por tener paz en mi vida»**. 3, 6, 9 veces o 18 días, 21 o 45.
  - **«Agradezco por tener el dinero suficiente para vivir»**. 3, 6, 9 veces o 18 días, 21 o 45.
  - **«Agradezco por tener la salud perfecta»**. 3, 6, 9 veces o 18 días, 21 o 45.

Todo esto te permitirá sentir la realidad manifestada en el aquí y ahora. Si cogemos una libreta y vamos tachando los tres de la mañana, los seis de la tarde y los nueve de la noche nos será mucho más fácil.

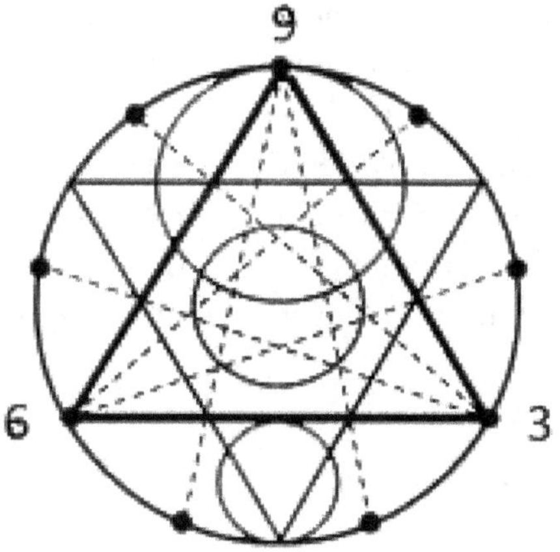

Figura 8

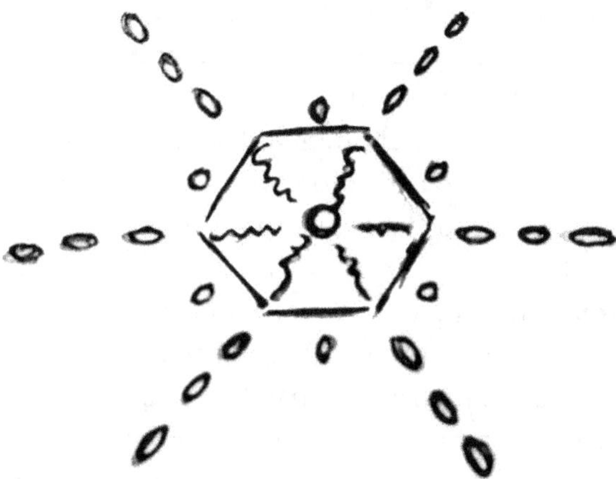

Figura 9 (código Isis Kiara)

En la figura 9, la activación la realizaremos en el centro, punto 0 del ombligo del paciente, desde dentro hacia fuera, pronunciando estas palabras: «EHYEH ASHER EHYEH». Activaremos la duodécima capa de ADN. Este nombre sagrado es el código para el redescubrimiento del sobre-ser divino. Conecta nuestra inteligencia vital con los muchos universos vivientes y lleva todos nuestros factores vitales al siguiente umbral de existencia.

Código sagrado: Isis Kiara

- «EHYEH ASHER EHYEH». Libera y reconecta al ADN original. 12 hebras.

El hexágono de la figura 9, de nombre Isis Kiara, es hasta ahora el único código que nos conecta con nuestro ADN original. Se puede visualizar o con un puntero de cuarzo lo podemos dibujar desde el punto 0 del ombligo hacia afuera. Podemos colocarle también cuarzos o activarlo con las manos; la manera de trabajarlo es libre para cada uno. El código, junto con las palabras, se activa de igual forma y de nuevo coincidimos con los números 3, 6 y 9. Si sumamos la forma exterior o del interior sigue una conjunción matemática perfecta, que nos dirige a calcular la proporción divina en una simetría original de inteligencia vital. «Hexa-» equivale a seis y el sufijo «-gono» quiere decir ángulo. Esta figura geométrica es un polígono y está formado por seis lados y seis ángulos. Esto implica que puede dividirse en seis triángulos. En armonía con la naturaleza encontramos esta geometría en panales de abejas, en el caparazón de una tortuga, en la morfología de una piña o en un nido de avispas. También encontramos hexágonos en innumerables obras arquitectónicas de manera perfecta.

Figuras 10 y 11

Podemos observar ejemplos también en estas fotografías (figuras 10 y 11). Una es interior y la otra es exterior. En la Madre Tierra *(Pachamama)*, en diferentes lugares, comprendí que las guías se comunican y nos muestran que si sabemos ver a tiempo los mensajes que el universo nos da los podemos compartir con el resto de la creación.

Los 72 nombres de Dios no están fuera de la proporción divina de la creación del universo. Volvemos a ver los números: si sumamos entre sí 72 × 3= 216, que son 9. Las letras hebreas generan una conexión con las fuerzas espirituales de alta frecuencia. Son tres (podemos verlas como estructuras energéticas), que tienen un efecto profundo en el ser humano, catalizando ciertas frecuencias espirituales y generando una poderosa acción a nivel interno.

Estos 72 nombres salen de la Biblia, de Moisés y su huida a través del mar Rojo (libro del Éxodo, capítulo 14, versículos 19, 20 y 21). Vemos que cada uno de los tres versículos tiene exactamente 72 letras, los nombres de Dios. La tradición dice que el milagro del mar Rojo se produjo gracias a que Moisés invocó simultáneamente los nombres y todo su poder. Los cabalistas a través de los siglos, en su trabajo de descodificación de la Biblia, han estudiado la sabiduría secreta. El significado iniciático de las letras de las que constan los 72 nombres de Dios revela todo su potencial alquímico. Neutralizan la energía negativa del ego humano, ayudándonos en nuestro camino espiritual. Se trata de una vibración capaz de reactivar nuestro ADN espiritual. Cada letra es importante y cada una de ellas posee una función específica. Juntas generan un circuito que llega a lo más profundo del alma. El 6 (sexto día) creó la raza humana. Dios ordenó a Israel que cada séptimo día debía celebrarse como un día de descanso, el *sabbat*. Dios suministró todo lo necesario para la humanidad y otras criaturas terrestres.

Lo que voy a compartir a continuación me fue revelado dentro de un sueño lúcido. Me mostraron estos dos códigos y cómo teníamos que aplicarlos a nuestros pacientes, la parte izquierda femenina y la masculina. Todos tenemos la capacidad intrínseca de conectar con una gran variedad de energías y de desarrollar las dos partes. Todos los seres humanos estamos formados por energía femenina y masculina. Nuestro máximo potencial se logra cuando logramos el balance de estas dos partes. No hay separación, el problema es cuando están fuera de balance. No importa si es mujer o hombre; con el exceso de ambas energías es cuando empieza el desequilibrio. A mayor energía masculina, la persona puede ser vista como un ser frío, manipulador, calculador. En cambio, si es energía femenina, puede ser vista como emocionalmente inestable, fácilmente influenciable y complaciente. Esto ha tenido como resultado la discriminación de los géneros en diferentes áreas de la sociedad. Feminidad excesiva es vista como ser demasiado débil y la masculinidad es vista como demasiado dominante. Cuando es saludable, nos ofrece sabiduría, paciencia, flexibilidad, fertilidad, cariño. La naturaleza femenina ya es poderosa, nutre, honra, guía, ama, es creatividad. La masculina, si es saludable, es nuestro guardián y protector, no tiene miedo, es valiente y leal, su fuerza cree y confía en sí misma, no utiliza el poder para abusar. Su intención es clara y sus intenciones, alineadas.

Cuando ambas energías se fusionan y trabajan juntas se produce una unión sagrada, pueden crear cualquier cosa. La sinergia creada por este balance cataliza las fuerzas de la creación a la manifestación. Cuando comenzamos a caminar en equilibrio y armonía, tenemos la opción de abrirnos e integrar en nuestro interior una versión divina de nosotros más equilibrada.

El dibujo que a continuación voy a compartir es un código divino, porque está en mí y en ti. Es la unión de los sagrados femenino y masculino.

Se dibuja encima del paciente con nuestras manos o podemos coger un puntero de cuarzo. Se dibuja encima, de la cabeza hasta los pies. Se traza como muestro en el dibujo, utilizando las dos mitades del cuerpo humano. Primero trabajaremos una parte del paciente, la femenina (izquierda), en la cual dibujaremos tres veces de arriba hacia abajo. Lo mismo luego en la parte masculina (derecha).

El dibujo del sueño me fue dado, como acabo de comentar hace un momento, al iniciar el texto. A veces no nos acordamos de lo que soñamos; en este caso fue claro y, como lo utilizaban siendo yo consciente en todo momento a pesar de mi estado lúcido, pude claramente dibujarlo para aplicarlo y tener conocimiento en esta encarnación. Si observamos el dibujo, encontramos la misma proporción matemática de los números 3, 6 y 9 de la que hablábamos, del triángulo. Todo encaja. Si nos fijamos, los tres puntos junto con la forma de zeta suman 9, y así sucesivamente sale la conjunción exacta de lo que hablaba Nikola Tesla. En este caso es para sanación de nuestra parte masculina y femenina, como ya hemos comentado.

El dibujo trabaja en conciencia, armonía y equilibrio. Estos dos códigos son la representación energética que actúa a nivel de ADN del alma, restructurando todo el sistema del paciente. Cuando se habla de los términos energía y vibración, la magia llega con este código.

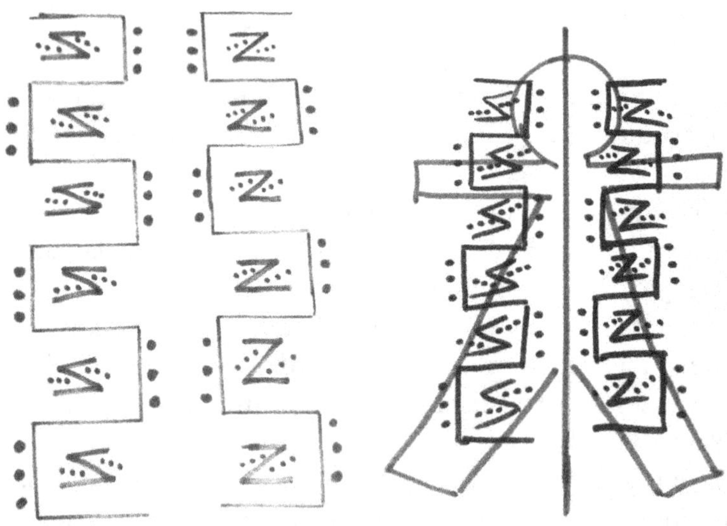

Figura 12

Activo cuerpo ZOHAR, que es el esplendor de vida/luz. Activa la formación de códigos energéticos.

Código sagrado divino

Se pronuncia en voz alta, resiguiendo al paciente con puntero de cuarzo o con nuestras manos, como en el dibujo, en el cuerpo de luz del paciente.

- «ZOHAR HADASH ZOHAR METSULOTH».

A medida que avanzamos vamos asimilando a lo largo de este recorrido, que para muchos va a ser iniciático y para otra toma de conciencia, para aplicar en su día a día. Voy a ir compartiendo todo lo que fui canalizando e integrando para que lo podáis ir aplicando en vuestra vida y os resulte de gran interés en cada una de las acciones que emprendáis.

Nos encontramos en un gran proceso de transformación que, sin duda, dará un gran giro a nuestras vidas. Aún escucho a personas que dicen: «Cuando volvamos a la normalidad...». ¿De verdad creen que todo volverá a ser igual que antes? Difícilmente volveremos a nuestra vida tal y como estaba antes de comenzar este proceso, en el que estamos todos recibiendo una gran transformación energética en todos los niveles que nos está dando la oportunidad de hacer un enorme cambio positivo en nuestra manera de pensar y actuar.

Las estructuras del sistema, tal y como las conocemos, se están también modificando en medio del caos y terminarán transformándose a la par que los acontecimientos.

Finaliza el ciclo que estábamos viviendo y está a punto de comenzar uno totalmente nuevo. Es un proceso que cada uno puede vivir de acuerdo a su propio aprendizaje. El cambio nos está llevando hacia la liberación del estado de separación y dualidad en el que estábamos, hacia una nueva visión desde el interior, hacia la unificación de la Madre Tierra *(Pachamama)*.

El cambio es esencial a los ojos, todo es trasformado en esta nueva era de Acuario: paisajes más verdes, más variedad floral, nuevos animalitos… Y es que si ella cambia (la Tierra), tu vibración también. Recuerda que ella es la que nutre y te da oxígeno y vibras si ella vibra, ¡no lo olvides!

Cuando empieza a nublarse ponle un toque de color, creando la realidad que quieres ver. Que tus pensamientos estén allí, en la mente, y tu corazón aquí y ahora, en equilibrio. Podremos ir sosteniéndolo: chacra corazón *(Anahata)* por la ilusión, por la vida y el amor. ¡Vibremos alto! *Aho.*

Cuando nuestra vibración es baja pedimos milagros; en cambio, cuando es alta los creamos. Somos creadores de nuestra realidad, podemos transformar todo. Ahora es el tiempo para llegar a propósitos más altos. No estamos aquí de casualidad. Desde el que está en silencio hasta el que está en movimiento, todos somos parte de este proceso de evolución planetaria en el que estamos sumergidos y no hay vuelta atrás. Tendremos que aprender y volver a reaprender, a repetir una y otra vez lo mismo. Todos somos viajeros de esta escuela llamada vida, nunca dejamos de aprender los unos de los otros.

Cuando hablamos de un portal cuántico nos referimos a un momento de conexión fuerte con la energía disponible del universo. Se conecta mejor con el corazón y con lo que va llegando a la vida de cada uno. Son caudales de luz que se activan en determinados días del año, son entradas a la Tierra de energía para la evolución.

Las fronteras entre mundos terrenales y cósmicos están más permeables, una especie de tiempo cósmico propio de los seres multidimensionales. Y fuera se halla lo intemporal, aquello que es imposible que se dé en el tiempo, mientras que, en forma de tiempo cíclico, otra parte aún no ha sido y está por ser. Pasado y futuro conforman el tiempo. Tanto si lo consideramos una totalidad ilimitada como si no, la riqueza es aquí y ahora, los valores son eternos. Esto hace que haya un mayor intercambio de información entre el cielo y la tierra: lo que es arriba es abajo y lo que es abajo es arriba, facilitando el paso de datos a nuestra consciencia. Podemos experimentar un aumento de percepción, tener más sensibilidad, ideas o pensamientos nuevos sin influir en ninguna alma. El portal del destino es una nueva oportunidad para tomar el futuro, es un portal de cambio colectivo. La premisa es: «Creer es crear». Es el momento perfecto para hacer aquello que se desee de corazón, para materializar ideas y proyectos. Puede que se reciba un ascenso o aparezca una nueva oferta en donde se trabajara en grupo. Habrá que llegar a acuerdos a través del amor, trabajar por la igualdad y la justicia. Tendremos que aprender y desaprender o quizás seguir el ejemplo de nuestros ancestros y volver a recobrar las costumbres originarias ancestrales.

Recuerda: quien controla tu tiempo controlará tu mente. Controla tu tiempo y contralarás tu mente. Todo es mente y lo que no, es miedo. Si logras controlar estos dos monstruos empezarás a controlar y cambiar tu realidad. ¿Cómo quieres vivir, desde la mente o desde el corazón? ¿Cómo quieres vivir, desde el amor o desde el miedo?

Nos han hecho creer que todo se basa en el tiempo con el objetivo de mantenernos esclavizados y distraídos de nuestra esencia y de los planes que diseñamos para esta vida. Qué equivocados están. Nos hacemos mayores y la creencia es que somos menos útiles, cuando realmente es cuando se adquiere mayor conocimiento y sabiduría.

El único instante, este presente. Que nada condicione tu pasado ni tu futuro, sé tú mismo. Nada existe y nada es si tú no le das permiso en este preciso momento.

La buena o mala suerte es la capacidad del ser humano de generar su propia realidad a través de su conciencia y su pensamiento.

Que la vida te dé alas para volar, sé el silencio en ese lugar llamado interior, donde está el saber en su mayor comprensión de uno mismo. Busca tu doble superior para interiorizar. Buscamos fuera lo que ya estuvo. Vive el presente como si el pasado no hubiese existido, borra la terrorífica y monstruosa máscara para inscribirte dentro del corazón de la humanidad. Limpia, libera, transmuta, crea un nuevo mundo por venir respetando a todos los seres que habitan, dejando espacio a la libertad para volver a volar, sintiendo tu yo en silencio, sin palabras, integrando sus múltiples máscaras y respetando a todos los humanos y seres de otras dimensiones, cósmicos…

La vida es un misterio. La noche esconde y vela ese misterio, pero el velo es solo aparente para todo aquel que es capaz de encender y sostener encendida la llama que arde en la antorcha de su propia vida. Para ese ser todas las tinieblas se disipan, toda la oscuridad retrocede ante la presencia silenciosa de aquel que se esfuerza en vencer todos los miedos, en liberarse de todas las limitaciones y en ir más allá de sus propias capacidades, despertando su potencial dormido.

Decidimos elegir cuando nos autoobservamos y reconocemos que somos más que un simple programa. Y allí, en ese instante, es cuando elegimos cambiarlo y hacerlo diferente en consciencia. Si estamos en automático, solo viviendo, el programa corre por todos nosotros, aunque bajar y experimentar en la materia lo que somos es parte del juego. Si no, ¿para qué?

La verdad no está detrás, está delante de ti. Nadie te llevara al éxito, porque el éxito es volver a encontrarte con aquello que perdiste una vez y te vuelves a perder. El éxito es cubierto de máscaras y apegos: creíste llegar arriba, pero la realidad se vuelve de nuevo un teatro, aquí y ahora, un eco sublime de aquello que aparenta ser. El éxito es estar arriba, te vuelve a mostrar que lo mismo que es arriba es abajo y durante el camino al éxito te vuelves a perder.

El mensaje claro que recibí en una de mis visiones incluía una fecha exacta relativa, en este caso, a dos ciclos importantes en el reino de Dios. Será un año clave para el hombre.

La letra *vav* en el alfabeto hebreo tiene el valor numérico 6. Este valor está relacionado tanto con la creación del universo, que fue ejecutada en seis días, como con la creación del hombre en el sexto día. Conecta al último ciclo de siete años (5768-5775), que, según el calendario gregoriano, empezó el día 13 de septiembre de 2007 y terminó el 13 de septiembre de 2015. El siguiente ciclo de siete años comenzó el 13 de septiembre del 2015, 1 de Tishri, y finalizará (2015 + 7 años) en **2022,** que será un año clave. Y así sucesivamente en futuras generaciones.

Nada existe por casualidad. Cuando tenemos que descubrir o descifrar, la magia busca la forma para poderse desarrollar y manifestar. Todo tiene un propósito, todo tiene un principio y un fin, todo existe y todo es, todo tiene su forma y su realidad, su manifestación física y atemporal para manifestarse, ya sea personal, física, mental o en la materia.

En el mundo espiritual el ego también está presente. En la mayoría de veces es creerse superior y nadie, absolutamente nadie, es superior. Todo es atemporal y todo está en el aire. Podemos navegar en múltiples saberes; al final todos llevan a trabajarse uno mismo y buscar dentro, en ese profundo amor a nosotros mismos.

Para llegar a escribir este libro tuve que sumergirme dentro de mi propia oscuridad, en un introspectivo silencio. Es cuando se crean las diferentes manifestaciones del ser, ilógico para unos y comprensible para otros. Es cuando la información de otros estados de conciencia llega a estados elevados del ser. Quien ha podido entrar en su propia oscuridad ha encontrado el principio fundamental para atraer la luz. Solo lo puede comprender el que se ha reflejado en ella.

Me especialicé en diferentes metodologías que fui adquiriendo y aprendiendo, en definitiva, para activar lo que todos ya tenemos. Todos nacemos con poderes y capacidades psíquicas, lo difícil es aplicarlos en estos tiempos y alcanzar un alto conocimiento de las leyes del universo y la cosmovisión en general, que son las que, generación tras generación, llevan las llaves del conocimiento para cambiar el mundo en el que vivimos y hacerlo distinto del que fue, es y será.

Somos la pieza fundamental, cada paso es una escalera que vamos subiendo para una nueva humanidad. Cada destino que vamos inclinando cada vez que nos alegramos queda impreso en todas nuestras células, en la mente, en la emoción y la misma vida. Concentrémonos en ser felices, en vivir bien y en equilibrio.

El camino no está en el cielo. El Padre vive en nosotros, está en el corazón. El despertar espiritual es darnos cuenta de que no existe un mundo espiritual separado del material. Todo es lo mismo.

Sin juzgar, solo observa tu luz y oscuridad y comienza el cambio interior siendo coherente y honesto contigo mismo. Anímate a sentir tus miedos, anímate a sentir que la vida se vino a vivirla, no a sobrevivirla.

El lado coherente es liberarnos de ideas fijas, preconcebidas, y de anhelos de venganza para que tengamos la oportunidad de encontrar nuevas formas de ver la vida y con ello ser capaces de acordar en estos tiempos tan comprometidos por las circunstancias sociales, económicas de y salud.

No podemos darnos el lujo de fijar nuestros sentimientos y pensamientos en el drama y la rebeldía. Descansemos la mente y enfoquémonos en investigar y profundizar en lo necesario para avanzar portando con más certeza y ligereza toda la mochila que llevamos de esta vida y de todas nuestras anteriores encarnaciones.

Si unimos el mundo material, que es mental (mente), con el espiritual (corazón) tendremos un equilibrio perfecto con nosotros mismos y con todo lo que nos rodea. Si una parte estuviera más elevada en el mundo de las ideas, sin sentir con el corazón, habría un desequilibrio, estaríamos más en una parte que en la otra, tocaríamos mucho de pies en el suelo en la materia mente-ego; sin embargo, no tendríamos control del corazón.

Debemos recordar que cada pensamiento se vuelve un sentimiento; cada sentimiento, una acción; y cada acción genera unos resultados.

Tres puntos son clave:

- **Observa con el alma**
- **Escucha en silencio**
- **Habla y crea con el corazón**

Tres puntos que se potencian más que nunca: observamos con el alma, sintiendo lo que realmente es; la esencia se escucha en silencio y llega al corazón de quienes resuenan realmente contigo.

¡Habla y crea desde el corazón! Eso deberíamos hacerlo siempre. Si no es así, el mensaje no llega, no vibra, se queda corto y sin esencia, vacío y triste porque no tiene alma, solo un programa. Elimina programas, situaciones y patrones que no vibren y te obliguen a un esfuerzo. Pon tu mente en resonancia con tu corazón.

Los cuatro elementos:

- **Agua** = Emociones. Ahogados por la emoción.
- **Fuego** = Deseo. Las llamas de la pasión.
- **Aire** = Pensamiento. La brisa fresca de la razón.
- **Tierra** = Estabilidad. Sólido como una piedra.

Cuando queremos limpiar y transmutar una situación de memorias pasadas que están creando una situación actual que no queremos, decimos:

- **«Divinidad, limpia en mí todas esas memorias pasadas que se están creando en mí ahora, en esta realidad. Gracias (× 3). Que así sea. Hecho está».**

Durante este libro me he ido repitiendo para que realmente se entienda la síntesis de la explicación. Ahora vamos a ver un ejemplo. Cuando me refiero a ir al origen hablo de ir a vidas pasadas, en esta propia vida o en otras paralelas o multidimensionales. No dejan de ser patrones familiares los que nos limitan aquí y ahora. Todo lo que quieras arreglar en tu presente se encuentra en tu pasado. Vamos acumulando experiencias en los cuerpos sutiles que viajan a través del tiempo y del espacio.

Antiguamente había civilizaciones que construían sus lugares sagrados alineadamente. Estos podrían ser sitios religiosos o astronómicos. Un ejemplo podemos encontrarlo en la cultura de los druidas (cultura celta), quienes denominaban *wyvern* a la energía que pertenece a la tierra y sostenían que esta tendría forma de serpiente y se movería por la tierra de forma similar a una corriente telúrica. Líneas rectas como líneas ley, caminos rectos por donde pasaba mucha gente y se encontraban diferentes estructuras antiguas de la prehistoria, romanas y medievales. Líneas sagradas conectaban y servían como marcas ancestrales, seguían como guía a una corriente magnética que fluía a través de ellas. Se usan como forma de explicar fenómenos de la ufología, del esoterismo y energéticos.

Con el tiempo estas líneas ley tendrían que ver con la mezcla de la posición de las placas tectónicas y los campos magnéticos que tiene la Tierra, los vórtices de energía y otros eventos sobrenaturales. Se han podido identificar con los siete chacras a lo largo del globo terráqueo. Se trata de diferentes puntos del planeta unidos por la energía total de la Tierra. Estos lugares de poder están matemáticamente diseñados y estructurados por civilizaciones mucho más avanzadas que nosotros, los humanos, y su interacción con nosotros sirve para adquirir este conocimiento.

El número pi (3,1416) tiene diferentes denominaciones: número de oro, numero áureo, numero de la divina proporción… Surge, además, de una de las series de Fibonacci. Está presente en culturas milenarias de todo el mundo, que utilizaban este valor para dibujar, diseñar y planificar construcciones.

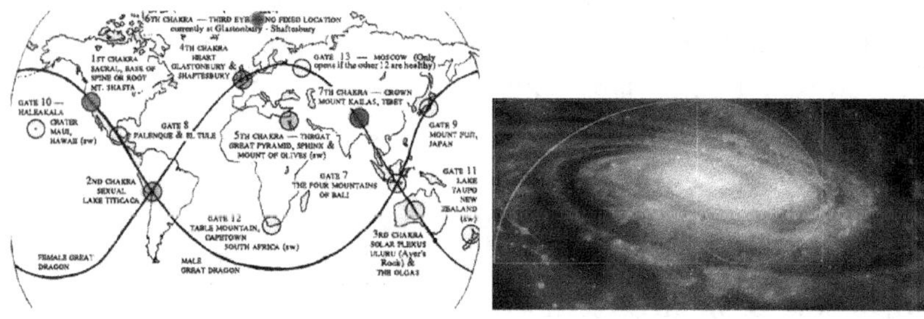

Figura 13

Este número tiene diversas aplicaciones para calcular superficies circulares, la longitud de los ríos, la estructura de las moléculas del ADN… El origen de esta constante matemática, que se obtiene de dividir la longitud de una circunferencia por su diámetro, se remonta miles de años en el tiempo. Así, se sabe que en el antiguo Egipto, Babilonia y Mesopotamia los científicos de aquella época dejaron constancia de las primeras aproximaciones escritas sobre pi. Desde los inicios de la civilización, incluso antes de aparecer la rueda, el ser humano ha tenido consciencia de las formas circulares (discos solares, de la luna o

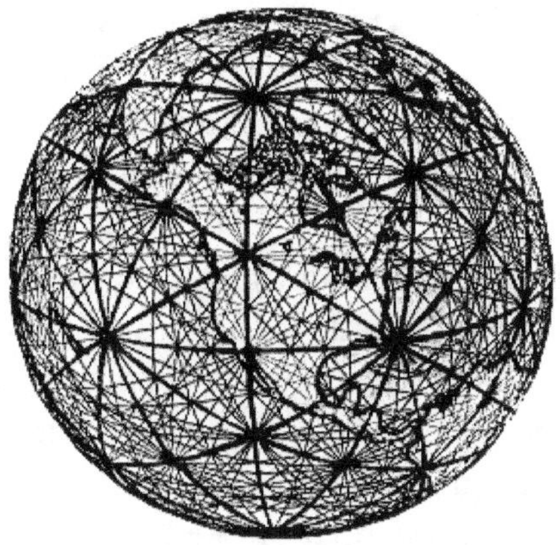

Figura 14

de las flores). Este número, que es universal, es irracional; por lo tanto, tiene infinitos decimales y jamás podremos calcularlos todos, ya que se trata de un proceso sin fin.

La Madre Tierra (la *Pachamama* aimara) está cambiando, purificándose, transmutando todo el dolor y el daño que durante siglos le hemos causado. Y los humanos estamos cambiando con ella. Es la que nos nutre, la que nos da oxígeno. Como hijos suyos, nos está pidiendo a gritos ser más responsables con ella, y ella con nosotros. Somos intercambio amoroso: si la respetamos ella, nos respetará a nosotros y el ecosistema se transformará, como nos ha demostrado mientras estuvimos aislados con el virus.

De igual modo, debemos sumarnos al *suma qamaña,* conocido como buen vivir o convivir bien. Es una filosofía andina relacionada con la manera en que la gente entiende la vida. Es un modelo de equilibrio con todas las cosas, incluidas la espiritualidad, la naturaleza, la comunidad, la familia, la mente y el cuerpo. Es un modo de vida de principios y valores ancestrales. Conciben la vida de manera cosmocéntrica, es decir, como la manifestación de un todo, cuyas partes están en íntima relación con la vida plena por el grado de equilibrio o armonía que existe entre ellas.

Dos cosas importantes eran para nuestros ancestros mantener el mundo en equilibrio de las fuerzas que sostienen este universo y humanizar al mundo. Venimos a cumplir un tiempo sobre la tierra (plano horizontal) con el propósito de perfeccionarnos, y en la medida en que lo logramos es como conseguimos realmente humanizarnos, ascender en el plano vertical.

Somos representantes directos de Dios, constructores del orden universal, somos los arquitectos. Confiemos, tenemos protección divina y guía. Donde hay voluntad hay éxito y todos somos uno.

En este libro estoy siendo guiada, nada se expone por poner la manera de enfocarlo y te hará cambiar tu realidad. Mi misión es que actúes desde el amor y no desde el miedo. Nos miramos frente a un espejo y repetimos estas afirmaciones:

- **«Yo soy amor (× 3)»**.
- **«Yo soy luz (× 3)»**.

Al decir «yo soy» invocamos la energía superior, ultrapasando los límites del cuerpo espiritual. Yo soy el espíritu de amor penetrando la forma hasta que todo es atraído de vuelta al todo indivisible, nuestra esfera cósmica divina. Entramos en contacto con Dios, la presencia. «Yo soy» representa la mayor energía de poder del ser humano.

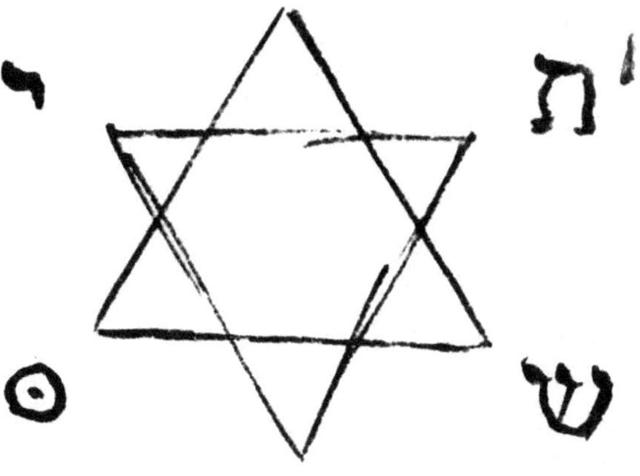

Figura 15

Aparece en este dibujo la letra *shin* (parte derecha, abajo). Es la letra 21 del alfabeto hebreo y su valor es 300. Su significado: cambio, revelación divina, dientes, moler, fuego purificador. Es el que desintegra lo que no sirve y al mismo tiempo refina y purifica lo que permanece, como el oro, que se refina en fuego. Toda la creación está sujeta a *shin,* cambio constante (ciclo de la vida, renacimiento y muerte).

En la figura también podemos ver las letras *yod* y *chet.* El alfabeto hebreo se lee de derecha a izquierda. Estas dos letras en conjunto, como esta dibujado por mis guías, confirman el símbolo *chai.* La combinación de estas dos letras forma, insisto, la palabra *chai,* que significa «vivo» o «vivir».

Por último, *yod* (arriba a la izquierda del dibujo) indica la presencia divina. La palabra *yod* significa «extensión de la mano con el dedo». Explica el punto de origen y la expansión sobre el mundo. La tradición enseña que esta letra es el origen de las otras veintiuna del alfabeto hebreo.

La última vez que subí a mis registros akáshicos, el mensaje que me dieron mis guías fue muy corto y preciso: «Lleva la verdad, todo llega». Me sorprendí al subir ese día a mis registros: un lugar con grandes bibliotecas. Al acercarme vi que los que allí había iban vestidos de blanco, con túnicas largas. Parecía un lugar angelical y a la vez místico. Insistían en que visualizara la estrella de David con letras hebreas. Uno de ellos continuamente me seguía, mostrándome una pizarra con el dibujo, y en cada una de las puntas (norte, sur, este y oeste) se encontraba una letra. Le pregunté a un amigo profesor, teólogo e historiador, licenciado en Teología por la universidad y que amplió sus estudios en Jerusalén, donde profundizó en la historia del pueblo de Israel. La explicación fue que todo está geométricamente unificado a lo que realmente somos. Las estrellas representan al universo, la estrella de David es tridimensional, el cuadrado ha representado a lo inmanente a la Tierra, al hombre, a los animales, a la naturaleza. Ambos juntos conforman la figura geométrica que mejor representa al círculo, a la creación, y la estrella de David nos lleva a él, nos lleva a la belleza, y por eso hacen el arte: viendo la belleza vemos a Dios. En el dibujo de la figura 15, en la parte de abajo, a la izquierda, hay un círculo con un punto en medio. Es el símbolo antiguo *oro* (sol). Tiene que ver con el antiguo Egipto. Es un diseño sencillo pero con mucho simbolismo. Se asocia al sol (el dios Ra) y en algunas culturas este símbolo tiene un valor protector contra el llamado mal de ojo. También se asocia a los alquimistas para representar al oro.

Muchos métodos requerían el uso de metales como el oro, la plata, el cobre, el hierro, el mercurio, el estaño y el plomo. Guardaban cierta relación con la astrología (la luna y los seis planetas conocidos en la antigüedad o el arcángel Kabbalah). Tiene que ver también con el árbol de la vida, que se encuentra en el centro, y, como tal, el punto de equilibrio natural de todo él. Precisamente por lo mismo, *Tiferet* es una esfera de iluminación. Su cualidad es la de «claridad de visión». Su modo de conocer es directo de la naturaleza, de la intuición superior que percibe las cosas en su centro y, por tanto, en su integridad. Según nuestra conciencia va ascendiendo por la columna central del árbol de la vida, nuestro sentido de identidad de ser en general y de ser verdaderamente nosotros mismos en particular también se desplaza y se amplifica en círculos cada vez más abiertos, tocando estratos cada vez más profundos, personales e impersonales, hacia ese núcleo arquetípico final que llamamos *Kéter*. *Tiferet* significa «gloria» o «esplendor» en hebreo. En el *Bahir* dice: «El sexto es el trono de gloria adornado, glorioso y delicioso, la casa del mundo por venir. Su lugar está grabado en sabiduría. Como dijo Dios: "Sea la luz". Y fue la luz».

Tiferet es la fuerza que integra la *sefirá* de *Chesed* (compasión) y *Gevurah* (fuerza o juicio). Estas dos fuerzas son, respectivamente, expansivas (dar) y restrictivas (recibir). Ninguna de ellas sin la otra podría manifestar el flujo de la energía divina. Deben equilibrarse en perfecta proporción, equilibrando la compasión con la disciplina. Este equilibrio se puede ver en el papel de *Tiferet*, en el que las fuerzas en conflicto se armonizan y la creación florece. Tanto en el árbol judío como en el hermético, *Tiferet* tiene ocho caminos, que conducen en sentido contrario a las agujas del reloj a *Kéter* (a través de *Daat)*, *Binah, Gevurah Hod* y *Netsach, Chesed* y *Chokmah*.

Para la masonería, este símbolo implica la contención emocional, así como la chispa creativa que vincula a todos con la llamada «mente universal».

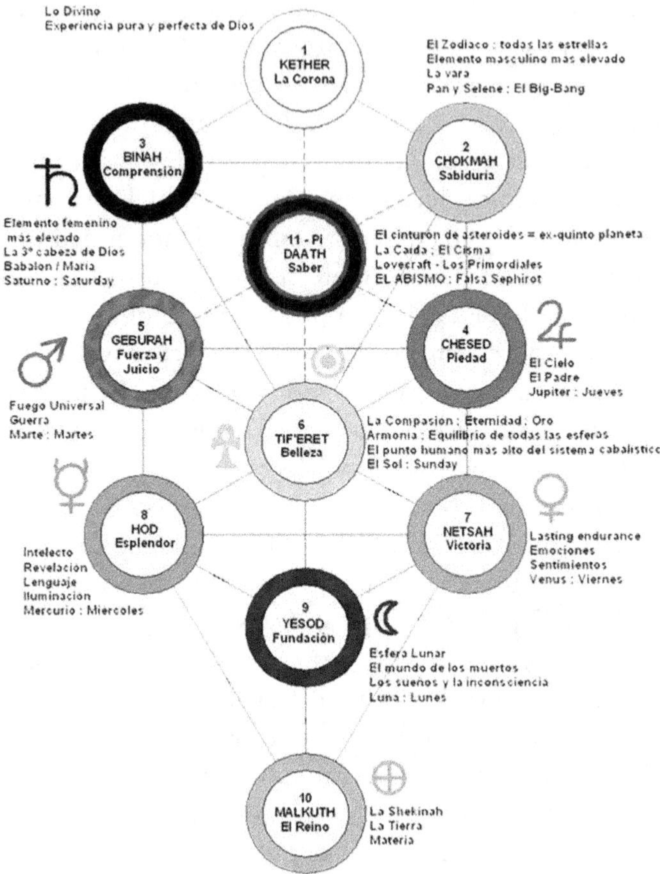

Figura 16

Nunca debemos olvidar que la vida es eterna y que vamos incorporando y asumiendo el rol de lo femenino, así como el de lo masculino. Por eso en nuestra naturaleza, independientemente del rol que hayamos decidido servir en esta presente existencia, cohabitan en nosotros lo femenino y lo masculino. El futuro de la raza y la especie humana es unir estas dos polaridades en una sola, dando el paso al ser que vive en cada uno de nosotros. Las energías femeninas están latentes; en cambio, las masculinas son esencialmente más potentes. Por el rol de lo femenino, en contraposición de lo masculino, se tiene que trabajar más la femenina. Es la que nos ha mantenido durante siglos dormidos de la fuente original, con creencias limitantes, y es tan importante una parte como la otra para estar en equilibrio.

Todo cambia, todo está cambiando constantemente. Sobre todo si cambiamos la manera de percibir, pensar y asumir, nuestra visión se hace visible a una nueva forma de vivir, de emocionarnos y de comunicarnos. Resulta prioritario para restablecer el equilibrio en la Tierra, las cualidades receptivas, silenciosas, pasivas, lentas, fluidas, sensitivas, creativas…, elemento relacionado con el agua y el órgano del corazón.

Lo sagrado masculino representa las cualidades de acción, rapidez, fuerza y decisión. El elemento es el del fuego, el órgano es el cerebro. Ambas energías son sagradas y están presentes en cada uno de nosotros, seamos o no conscientes de ello.

Según lo que pienso y lo que siento, hemos estado demasiado tiempo vibrando en la energía masculina. Es tiempo de empezar a actuar, a experimentar cambios profundos en hombres y mujeres en la dualidad. La energía femenina es creadora, transformadora. Hagamos el mismo camino, donde veamos la necesidad de sanarnos mutuamente aceptando nuestra parte humana y divina, amando nuestro cuerpo, el cual es nuestro templo, y cuidándolo en conexión con nuestra Madre Tierra *(Pachamama)*. Civilizaciones y todos los corazones han anhelado un mundo mejor.

Para poner esto en marcha y manifestarlo, la oración siguiente lo que hace es unificar las fuerzas de la dualidad para activar en la materia, la justicia (yang) y el entendimiento (yin). Unimos la fuerza universal. Se refiere al poder que tenía un guerrero o un ejército en medio de la batalla. Estamos llamados a fortalecernos en el poder de nuestro Dios y no en nuestra propia fuerza para no ser destruidos.

Oración al guerrero

«Por el poder de las ocho potencias para acondicionar la Tierra, a los diferentes rostros de Marte, ¡honrándoles!, pido a las potestades o potencias que trabajen junto con mis hermanos caídos; que la fuerza una (negativa) y otra (positiva) se unan en luz en mi camino a esa ley en presencia del mismo Dios; y manifiesto proteger las leyes. Pido (se pide el deseo) se cumplan para mi bien y el de todos los involucrados. La palabra es ley y se manifiesta. Que así sea. ¡Hecho está! Gracias (× 3)».

Al leer la oración nos dirigiremos hacia el oeste, donde se pone el sol, donde los guerreros fueron guiados en su viaje al lugar de múltiples encarnaciones. Nuestra alma ha de recorrer los veintiún caminos del árbol de la vida.

Gevuráh es la mano izquierda de Dios, *tzelem*. Marte es el dios de la guerra y el Ares de los griegos. Y la mano derecha es la misericordia de Dios, es la espada de la justicia, y ambas forman una sola fuerza. Lo simboliza muy bien Miguel arcángel: las dos fuerzas se enfrentan, el bien y el mal.

Decreto para recuperar nuestros dones

«Divina presencia en mí, por la voluntad del gran espíritu y del creador, bajo la gracia y de manera perfecta, pido recuperar todo el poder ancestral transgeneracional de toda mi existencia (pasado, presente y futuro) y tener la gracia de recibirlo por el Dios creador y del gran espíritu, y así poder ser a su voluntad para servir al mismo Dios. ¡La palabra es ley y se manifiesta! Que así sea. ¡Hecho está! Me inclino con respeto para ser instrumento de luz. Gracias, Padre, que me has oído y siempre me oyes. Gracias (× 3). Amén».

Baño de sanación energética

* Preparación:

    – Hervir un litro de agua.
    – Agregar albahaca, ruda y romero.
    – Tapar y dejar reposar 15-20 minutos.
    – Agregar un puñado de sal.
    – Utilizar esta medicina tibia.

Utilizaremos este preparado desde la cabeza a los pies. Una vez lo tengamos hervido y colado, lo dejaremos reposar unos quince o veinte minutos, hasta que el agua esté tibia. Mientras, utilizaremos el champú habitual y al finalizar, con el cabello aún húmedo, nos lo pondremos de manera suave por encima de nuestro cuero cabelludo. Estos baños son como una renovación y siempre tienen una gran finalidad: aliviar el estrés y la ansiedad, reducir la fatiga, calmar la mente y ayudar a despejarla, eliminar emociones y sentimientos negativos, ayudar en la elevación espiritual, limpiar el aura. Además, mejoran la piel y brindan una experiencia relajante. Este baño es estimulante y energético, te sentirás nuevo. Si lo deseas, puedes abrir el proceso y cerrarlo tal como expliqué en pasajes anteriores del libro, directamente encima de esta pócima de medicina sanadora. Así activamos la energía del agua medicinal. De esta manera potenciaríamos más los resultados, como en la figura 18.

Decimos:

- «Abro al espíritu del agua para que este baño limpie, libere y purifique todo mi cuerpo. Gracias (× 3)».
- «Cierro y doy gracias al espíritu del agua. Gracias (× 3)».

Albahaca: Es una planta que trae la buena fortuna, aleja la mala suerte y atrae el éxito en nuestras vidas. Además, limpia la negatividad.

Ruda: La ruda es una planta de uso clásico en rituales por su penetrante aroma, sus propiedades de limpieza y su fuerte vibración energética. Ayuda a romper lazos de energía negativa y a combatir a los ladrones astrales.

Romero: El romero se usa en baños de sahumerios y tiene propiedades tranquilizantes y equilibradoras del alma. Se le conoce también como la hierba de la alegría, ya que ayuda a levantar el ánimo y nos da claridad en momentos de tristeza y confusión.

La realidad psíquica

- Escucha en silencio para oír el sonido y ser ecuánime en tus acciones. Tu mente es puro ego si no es domada con acciones en equilibrio, de luz, parcialidad y meditación interna.
- Soy mi propio libro, me reescribo, me subrayo, me agrego páginas, me arranco otras (duelen) y dejo en blanco la última siempre.
- El amor es la medicina más potente: crea, destruye y hace milagros.
- Cuando sientas algo que hace vibrar tu corazón, no te preguntes qué es… Solo disfrútalo hasta el final, porque esa emoción ese sentimiento. ¡Se llama VIDA!
- Cuando el camino es hacia el interior, encontrarás la magia en todo.
- Con los valores se nace, se crece y se comparten.
- Aquel que no oculta sus sombras no oculta su luz.
- Ver más allá de las formas es renacer. La flor de la vida nace en ti.
- La esencia de las cosas se ve a través del corazón.
- Confío y suelto bajo la oración y pido encender este fuego interno para amar cada día más, dando siempre lo mejor.
- Las cosas se tienen que romper para saber si fueron, si siguen siendo o si nunca fueron.
- Donde hay un gran amor existen siempre los milagros. Mírame a los ojos y verás lo que significan para mí.
- Cualquier lucha es su forma, es un estado de vibración bajo.

La eterna lucha. Buscamos otras formas de vivir para poder ayudar, para crecer, para autorrealizarnos, y no pensamos en la vida que ya tenemos, en mejorarla, en ayudar a transformarla. ¿Quién nos dice que la felicidad está en otro lugar o en otra forma de vivir sin corregir y equilibrar antes la nuestra? No podemos buscar fuera lo que aún está dentro, por construir. Si sabemos primero sanarnos a nosotros mismos, aprender a amarnos, a equilibrar nuestros rumbos, puede ser un principio para después descubrir nuevos paisajes.

Te animo a viajar. ¿A dónde? A despedirte de tu viejo yo para reencontrarte con otro mucho más puro, más auténtico, donde el espíritu prevalece sobre todo lo superfluo. Salí de las cavernas de ese mundo tangible, donde la materia es pura ironía y se basa solo en lo que es un mundo sin razón, sin rumbo. El de ella es mujer salvaje, con sus cuatro fases lunares que la rigen en forma circular, despidiendo al viejo sol y renaciendo de nuevo sin dramas, sin expectativas, solo contemplando en la nada, en ese paisaje, en ese viaje, en ese sueño…

Poema metafórico

Dejo el curso del agua correr;
ella hace brotar mis emociones,
me limpia y libera.
El viento acaricia mi piel
y ese fuego sagrado que purifica renace
y muere para volver a nacer.
La tierra me enraíza en las profundidades de mi madre,
me cuida, me envuelve con su cálida sombra
y sus raíces me dan forma y espíritu.
Siento volar, volver a mi origen,
a ese destino tan anhelado que nos da forma,
ese rojo camino que va caminando,
modificando con el paso del tiempo,
marcando el ritmo, el latido que va y
viene definiendo el tejido.
Unos están despiertos y otros siguen durmiendo,
creando en ese inmenso vacío.
Ritmo sigo, ritmo que marca, que envuelve,
que influye, destruye, renace y muere.
Círculo eterno sin fin, paralelo
y firme al principio y final.

Después de volver a estar en silencio entre cuatro paredes, aislada, sin ruido, vuelvo a mi propio encuentro con esa vacuidad, esa amiga inseparable, esa parte esencial en la que no hay nada, esa forma sin estructura, sin color, sin presencia. Solo contemplando la esencia, en silencio, pasamos la frontera de lo inmanente a lo transcendente. Es el espacio que dejamos a que la realidad pueda ser y dar con una finalidad esencial: recordarnos todo lo divino que existe en nosotros, conectándonos con la presencia de Dios. El siguiente dibujo es un octaedro nacido del corazón de la Tierra, es del elemento aire, portal del corazón. Ayuda a la integración de nosotros mismos para facilitar nuestra sanación, ayuda abrir un nuevo camino. Lo podemos integrar en meditaciones, visualizándolo o con un puntero de cuarzo, activándolo para liberar y sanar nuestro corazón y de esta forma permitirnos amar libremente.

Figura 17

Como hemos visto en la figura, de igual manera abriremos y cerraremos para todos los procesos.

Figura 18

Cuando trabajemos en sanaciones o meditaciones con cada uno de los chacras, podremos invocar cada arcángel correspondiente con su mantra y su color en cada parte a sanar. Podemos colocar en la parte física del paciente cristales (opcional), podemos acompañar la terapia con incienso o, si se usa de forma habitual, con una música a suave frecuencia. Lo haremos con conciencia en ese punto o en todos lo que queremos sanar. Si hay un bloqueo en el plexo solar, pondremos la intención solamente en ese punto. Si lo que queremos es equilibrar todo el campo energético y sanarlos todos, colocaremos un cristal en cada uno de ellos (libre elección, ya que se usan otras técnicas, códigos de sanación que despiertan y desbloquean). Cada terapeuta o sanador utiliza las formas que mejor se ajustan al paciente.

Ahora redactaré una meditación y el dibujo bajado directamente de las estrellas en una canalización con Sirio y las Pléyades. Este dibujo, junto con la meditación, lo podéis llevar junto con la Madre Tierra para conectar con vuestra luz. Lo que hace es un enraizamiento directo con Gaia. Despierta la energía kundalini, sexual, nos enraiza a la Madre Tierra y nos empoderamos por completo, activa y potencia los chacras inferiores. Colocamos el dibujo en el ombligo para iniciar la meditación: nos acoge con sus raíces para sanar las nuestras junto con ella, equilibra todo nuestro cuerpo físico, mental, espiritual y todos los campos energéticos sutiles. Cuando lo incorporamos se nota una vibración espectacular de sanación en todo nuestro cuerpo, no volvemos a ser los mismos. Es una conexión única y mágica, es el único código que te lleva a interactuar con todo el poder femenino de la *Pachamama*. Te empodera, te libera y sana, te conecta con la tierra y con el cielo, hace de puente entre los dos mundos, el físico y el espiritual. Podemos llevarlo por separado de la meditación. Podéis fotocopiarlo o dibujarlo, trazarlo en el aire con un puntero de cuarzo o simplemente visualizarlo. Esta meditación, que podéis grabar con vuestra voz o simplemente recordarla, nos equilibrará todos los chacras y nos introducirá en una sanación completa.

La feminidad es un conjunto de características físicas, psíquicas o morales que se consideran propias de la mujer o de lo femenino. Este dibujo (figura 19) lo pueden utilizar también hombres que no estén enraizados y necesiten recuperar, como nosotras, su parte femenina.

*Figura 19. Enraizamiento
Pachamama*

Empezamos la meditación

Hacemos tres respiraciones profundas: inhalamos, exhalamos (× 3).

Colocamos el dibujo en medio del plexo solar (centro ombligo) y visualizamos cómo se unen la noche y el día. Son dos fuerzas complementarias y vemos cómo el sol y la luna hacen un equilibrio perfecto, se fusionan en unidad desde el universo, salen unos tubos de luz y se van formando círculos. Al unirse empiezan a descender energías plateadas de la luna y doradas del sol, creando unos filamentos de luz plasma de forma circular que van limpiando toda la capa terrestre y la atmósfera de la Tierra. El ecosistema fluye de manera correcta y siguen descendiendo hasta que llegan a nuestro campo áurico. La luz dual entra en nuestro campo psíquico, mental, emocional y en todo nuestro físico, penetrando por nuestra coronilla, tercer ojo, garganta, corazón, plexo solar, sacro y cuando llegamos a la raíz visualizamos las raíces del dibujo que tenemos puesto en el ombligo, lo cual nos va a permitir enraizarnos. Van a ir bajando al centro de la Tierra de forma escalonada (3, 6 y 9) hasta llegar a la raíz de la Madre Tierra *(Pachamama)*. Estaremos haciendo de puente entre lo divino y la Tierra.

Antiguamente todo estaba relacionado con los ciclos de la vida y la naturaleza. Debemos recuperar esa sabiduría ancestral, los rituales son necesarios. Los cuatro pasos de la mujer en la menstruación, los arquetipos. El paso de la doncella es el de la primera vez; con la llegada de la sangre y el despertar de la fertilidad se da la bienvenida o iniciación al mundo de la mujer.

El paso de la madre es cuando la mujer queda embarazada, reconocida y arropada con grandes cambios. El paso a la anciana es la menopausia, etapa de aceptación del pasado. Ante su desaparición, muerte de la vieja percepción, despertar de la plenitud, tejedora de su destino, que nos invita a darnos tiempo a nosotros mismos. Es recuperar la sacralidad en todos los procesos en lo sagrado femenino, como la luna es sus tres fases visibles: creciente, llena, menguante.

- Doncella
- Madre
- Anciana

La energía kundalini de la Tierra está siempre conectada, es la energía secreta que conecta a todos los corazones de la Tierra. Permanece por miles de años, basados en ciclos temporales (o lo que llamamos la precisión de los equinoccios), y cuando se mueve nuestra idea del significado de lo que es espiritual cambia, se transforma de acuerdo a las nuevas energías del futuro ciclo, conduciéndonos hacia un camino espiritual más elevado como especie humana.

Es importante reconocer el aspecto multidimensional del mundo, en el cual viven los seres no físicos, buenos y malos, en perpetua lucha contra nosotros y los unos contra los otros. No puede ser explicado adecuadamente por la ciencia; es necesario cultivar tal sensibilidad que pueda experimentarse directamente la existencia de seres espirituales. El cuerpo humano es un receptáculo espiritual abierto a la ocupación de otras entidades. El estar consciente de estas fuerzas significa tener el poder de rechazar su influencia negativa. Permanecer espiritual es la clave para desarrollar la conciencia de estas fuerzas.

Los espíritus de las tinieblas están en nosotros, están presentes. Debemos estar atentos para detectar dónde están en nuestro camino. Se alimentan de nuestra ansiedad, de nuestros miedos y preocupaciones, y comienzan a apoderarse de nosotros si les damos permiso a estos sentimientos destructivos. En realidad, emanan de mundos extrasensoriales, cuyos seres ejercen crueles ataques sobre los seres humanos mientras se alimentan de sus efectos. Por lo tanto, que una persona entre en el mundo espiritual implica que haya superado el miedo, los sentimientos de impotencia, la desesperación y la ansiedad. Pero son precisamente estos sentimientos los que pertenecen a la cultura y al materialismo contemporáneos, como indican muchos de los más grandes filósofos y eruditos como, por ejemplo, Rudolf Steiner. Fue un filósofo, educador y espiritualista austriaco. A lo largo de su vida publicó muchos libros y artículos sobre la ciencia y la espiritualidad. En primer lugar, Steiner habla de las complejas fuerzas espirituales que se desarrollaron durante la Primera Guerra Mundial, de los intentos de la humanidad de construir órdenes sociales y de las muchas divisiones y perturbaciones que continuarían en la Tierra hasta nuestra propia época. La humanidad, en general distraída por los velos del inconsciente, aletargada por tal influencia, se despertó al hecho de que, expulsados de los mundos espirituales, los espíritus caídos estaban ahora intensamente activos en la Tierra. Esto se manifestó principalmente en el pensamiento, en la percepción humana del mundo que nos rodea. Según Steiner, la caída en ese colectivo humano destructivo estará marcada por un materialismo y una centralización del poder. Las influencias de los espíritus de las tinieblas impulsarán a los humanos a idear nuevas tecnologías y nuevos medios de opresión. En 1917, el filósofo Steiner profetizaba la creación de una vacuna que suprimiría toda la inclinación a la espiritualidad en los seres humanos. Debemos estar muy atentos, porque es uno de los acontecimientos que están teniendo lugar actualmente. Somos un eco del pasado, vamos a continuar dando órdenes a nuestro inconsciente. Depende no solo de uno, sino de todos.

Somos seres manipulados en eones de años. Genéticamente hemos sido un experimento invisible a los ojos humanos, pero visible para otros más despiertos. Vivimos en un mundo donde el ser pasa a un segundo plano. Los gobiernos tienen más poder para así tenernos más cerca del abismo humanitario y sociológico, siendo la ciencia encargada del análisis científico de la sociedad humana o población mundial. Estudia los fenómenos colectivos producidos por la actividad social de los seres en este planeta, dentro del contexto histórico-cultural en el que se encuentran inmersos. Técnicas de investigación con el objetivo de obtener datos sobre los grupos o hechos sociales que requieren ser atendidos, conocimientos sobre la razón y la experiencia interna. El objetivo es una mente enferma, desenfocarnos de la realidad, tenernos distraídos por los medios de comunicación y enfocarse en un único objetivo, anular todo el sistema de registros y memorias. Nos creemos superiores, pero nos pasan la mano por encima en avances y aun así no nos damos cuenta. Nada más nacer ya estamos expuestos a una alteración biológica y química sistematizada, a un control exhaustivo en todo nuestro sistema inmunológico de por vida.

La ambición humana, la esclavitud, las dependencias ideológicas, la guerra… Vivimos escondidos detrás de las cortinas superfluas del pecado y de la ignorancia, desconectados de nuestra esencia, del placer de existir. El cambio fundamental ocurrirá cuando el pensador cambie su forma de pensar. Tendremos que trabajarnos a nosotros mismos, con nuestro interior, e iluminar y unificar todas las partes que nos desequilibraron para que en este mismo presente (o sea, ahora) no puedan con nuestro poder. Tenemos que ayudar al futuro de las generaciones por venir. Empecemos a salvar el planeta, está dentro de cada uno de nosotros.

La alquimia es el arte de transformar lo denso en sutil. Lo que la gente sabía es que los alquimistas poseían sabiduría oculta, que podían hacer transformaciones con cualquier metal en oro y buscaban incansablemente por medio de experimentos el elixir de la vida como proceso de transformación. Esto no se limita a lo externo, sino que trata fundamentalmente de la transformación de nosotros mismos como consecuencia del mundo que nos rodea. Encontrar el equilibro es volver a reconocer quiénes somos, quiénes fuimos y por qué estamos aquí, en esta sagrada Tierra *(Pachamama)*, volver a buscar en nosotros las raíces perdidas en todas las líneas del tiempo.

La ventaja es que somos dioses empezando a recordar. Podemos decir que estamos bendecidos, tenemos herramientas a nuestra disposición. Cuando algo nos esté distrayendo y desenfocando de nuestro centro, podemos decir:

- **«Cancelo toda distorsión que quiera hacerme distraer, me mantengo en mi centro. Yo soy equilibrio, yo soy transformación y me unifico con mi cuerpo, mi mente y mi espíritu aquí y ahora. Gracias ($\times$ 3)».**

El arte de la alquimia hermética no trataba de los elementos físicos, sino del dominio de las fuerzas mentales, de la transmutación de una clase de vibraciones mentales en otras. La magia existe, todo es modificable. Es cuestión de grado: a mayor conciencia, mayor capacidad de cambio. Y este cambio, como he ido escribiendo en el transcurso del libro, está en nuestro interior.

Hermes es una figura enigmática, una energía que mora en la psiquis de cada ser humano y que contiene la posibilidad de ponernos en contacto con otra realidad, de conducirnos en el camino hacia mundos sutiles. Es el puente que une la superficie del mundo en el que diariamente vivimos con los niveles más profundos y desconocidos de nosotros mismos.

Vamos a ir caminando el sendero de la vida más livianos. Haremos un viaje al origen de nuestro pasado y más allá, al encuentro con nuestros ancestros, para liberarnos de todas nuestras cargas, porque no solo son las nuestras, sino también las de todo nuestro árbol genealógico. Un trabajo que podemos hacer es escribir una carta despidiendo a nuestro antiguo yo y reeducando al nuevo yo, liberando a nuestros ancestros y a nosotros mismos para volver a ser otros, más despojados de todo el pasado, con la intención focalizada en el aquí y ahora. Una vez acabada la carta, podemos quemarla dando las gracias.

Debemos confiar en que absolutamente todo lo que suceda es parte del proceso; en que la manifestación no es una línea recta y cualquier cruce o retroceso es parte del camino; y en que, indiscutiblemente, tenemos que seguir avanzando. La certeza es que el universo nos apoya. Para disfrutar del presente, es necesario que puedas darte cuenta de que tu energía es creadora y eres parte con el creador.

Todo tiene memorias y registros: la tierra, el agua… Permítete la sanación de todo tu cuerpo dándole alimentos nutritivos, honra el agua, dales permiso a todas tus células para disfrutar de una salud perfecta. Al aire, respira y disuelve todos los bloqueos. Al fuego, quema lo que no te sirve.

Esta oración es muy potente para hacer cualquier pedido con fe: salud, trabajo, abundancia, etc. Es un regalo con mucho amor. La palabra *shekinah* es una palabra hebrea que significa «la presencia de Dios (Yahveh)».

Oración al Padre

«Padre, mi Dios, tu misma esencia, que el mundo sea tu gracia reflejada en mí.
Por tu santa voluntad y al Espíritu Santo,
¡que la palabra sea ley!
Aquí en los cielos, como en la tierra,
será magnificado Cristo en mi cuerpo,
todo lo que es en nombre de Dios.
Mi cuerpo, mente y espíritu por tu gloria divina.
¡Muéstrame tu gloria!, la ley de Dios manifestada en *shekinah*.
Una nación entera en tu presencia, Padre.
Gracias (× 3). Amén».

Estamos en un nuevo tiempo, donde las sincronicidades se hacen más visibles y perceptibles que nunca. Estamos entrando en un tiempo de gran sensibilidad y clarividencia. Más allá del tiempo no existe. Tenemos a nuestra disposición tanto la información de nuestras vidas anteriores como la información del futuro. El ángel de la luna nos colma de intuición y sensibilidad y nos acerca a la memoria del planeta Tierra.

Sobre la autora

Iniciada en chamanismo Q'ueros.
Capacidades psíquicas y de sanación.
Maestra de reiki Usui.
Geometría sagrada.
Maestra de reiki Delfines de Atlántida.
Maestra de péndulo hebreo.
72 nombres de Dios de cábala.
Maestra de registros akáshicos.
Portadora del fuego sagrado Nahual.
Conciencia y realidad. Cursos, retiros.

Correo: cmsalvador1@gmail.com
www.isiskiara.com

NOTAS

NOTAS

NOTAS

NOTAS

NOTAS

NOTAS

NOTAS

NOTAS

NOTAS

NOTAS

NOTAS

NOTAS

NOTAS

NOTAS

NOTAS

NOTAS

NOTAS

NOTAS

NOTAS

NOTAS

NOTAS

NOTAS

NOTAS

NOTAS

NOTAS

NOTAS

NOTAS